快速阅读

[美] 彼得·霍林斯（Peter Hollins） 著

檀智慧 译

机械工业出版社

十几年来，彼得·霍林斯这位畅销书作家一直在研究心理学和人类到达极限状态的表现。他和许多人合作，以自己的学术研究和实践经历为基础，向人们揭示了人类的潜力所在以及成功之道。

本书基本上涵盖了快速阅读的各个方面。你将学到的技巧和技能将改变你对阅读的整体认识。你对快速阅读的认知将会被颠覆，同时大家都会向你请教快速阅读的秘诀。这本书将帮你破除慢读的陋习，并提升你的注意力。

Speed Read Anything：How to Read a Book a Day With Better Retention Than Ever

Copyright © 2021 by Peter Hollins

Simplified Chinese translation rights arranged with PKCS Mind，Inc. through TLL Literary Agency

Simplified Chinese Translation Copyright © 2023 China Machine Press. This edition is authorized for sale in the Chinese mainland（excluding Hong Kong SAR，Macao SAR and Taiwan）. All rights reserved.

北京市版权局著作权合同登记号　图字：01-2022-3115

图书在版编目（CIP）数据

快速阅读/（美）彼得·霍林斯（Peter Hollins）著；檀智慧译. —北京：机械工业出版社，2023.11

书名原文：Speed Read Anything：How to Read a Book a Day With Better Retention Than Ever

ISBN 978-7-111-74078-0

Ⅰ.①快…　Ⅱ.①彼…②檀…　Ⅲ.①读书方法　Ⅳ.①G792

中国国家版本馆 CIP 数据核字（2023）第 205469 号

机械工业出版社（北京市百万庄大街22号　邮政编码100037）
策划编辑：梁一鹏　刘　岚　　责任编辑：梁一鹏　刘　岚
责任校对：宋　安　李　杉　　封面设计：吕凤英
责任印制：常天培
北京机工印刷厂有限公司印刷
2024 年 1 月第 1 版第 1 次印刷
130mm×184mm · 2.875 印张 · 47 千字
标准书号：ISBN 978-7-111-74078-0
定价：49.80 元

电话服务　　　　　　　　　　网络服务
客服电话：010-88361066　　机 工 官 网：www.cmpbook.com
　　　　　010-88379833　　机 工 官 博：weibo.com/cmp1952
　　　　　010-68326294　　金 　书 　网：www.golden-book.com
封底无防伪标均为盗版　　　　机工教育服务网：www.cmpedu.com

目 录 ▶▶▶

第一章 >>>

快速阅读的真相

如果你能读到这些文字，说明你对阅读已经有所了解。话虽如此，阅读并不仅仅是看到文字，把文字意思联系在一起，解释句子的含义。尽管大多数人都能具备这种阅读的基本能力，但效率常常很低。我们常会因为失去耐心半途而废而中止阅读，或者坚持读下去也是硬着头皮而已。

不论是谁都会犯这样的错误——把阅读仅仅视为一项能够使人变得更聪明的独立活动。研究表明，阅读不仅仅增加你的知识，它还通过神经可塑性的过程改变你的大脑结构。世界上许多成功人士，如比尔·盖茨、马克·库班、埃隆·马斯克和沃伦·巴菲特，他们都是"贪婪"的读者，他们的成功部分归功于从阅读过的所有书中收集到的知识。

假如变得更聪明和更成功都不足以打动你，阅读的另一个价值就是能使你变得更加富有同理心，因为你可以接触到各种不同的人物、信仰和思维模式。此外，阅读还能舒缓压力，在无形中延长你的寿命。

通过简单的阅读习惯，你能坐享上述所有的益处。拓展知识、变得更聪明或更加成功可能是人们阅读的最大动力，但问题是，为了达到这些目的需要如何开展阅读？当今时代，鲜有人有时间坐下来去阅读长篇大论，这对大学生来说都很困难，更不用说对全职的年轻人了。所以，怎样才能高效阅读呢？

答案是快速阅读。然而快速阅读并不意味着你只需培养快速阅读句子的习惯而是要从更深层次把握快速阅读的内涵，本文后面内容将对其进行详细介绍。现在，我们将从生物学角度开始阐述阅读的真谛。

一、阅读的神经科学

正如我们简要论述的那样，阅读的基本过程包括用眼睛识别文字，然后在心里按照它们出现的顺序进行解读。想象一下，当一个孩子第一次看书，他看着纸上的文字，逐字逐句地浏览每个字母时，这个过程主要涉及眼部神经和其他相关的神经束。

当孩子的眼睛识别到文字时，他会想知道这些文字连在一起是什么意思。这时，他大脑的中部和后部都在运行，有两个区域与此息息相关，那就是布洛卡区和威尔尼克区。我们将进一步探索这两个区域。

1. 布洛卡区

布洛卡区位于大脑半球的前额叶，主导语言产生（通常是左半部分）。大脑的这部分区域主要与演讲与语言过程相关。所以，如果你有某个想法并且想把它大声说出来，布洛卡区将帮助你做到。这个区域的特点是它突出默读的重要性，也就是说，需要我们阅读的时候在心里默默地发声。布洛卡区的损坏将导致人们无法正确地演讲，同时，研究也曾发现这个区域也影响人们的阅读理解能力。然而，正如我们即将讨论的，默读阻碍了快速阅读，并且我们需要尽可能避免默读。我们孩提时代，以及阅读和理解母语的初期，默读的确发挥着非常大的作用。但是现在默读的缺陷已经凸显出来了。

2. 威尔尼克区

威尔尼克区是和演讲及语言相关的大脑皮质层的第二部分。布洛卡区主要负责演讲的过程中产生语言，而威尔尼克区主要负责理解书面语和口头语。威尔尼克区损伤将导致人们虽然能够连贯讲话，但说出的句子却无法理解，因为此时这个人已经丧失理解词义的能力了。

上述两个区域都非常重要。我们阅读的时候，脑海中默读或者重复词语，此时我们的大脑额外执行了一个步骤，即运用布洛卡区说出所阅读的内容。实际上，你可以仅仅使用威尔尼克区去理解并且处理文字，从而缩短处理句子的时间，进而提高你的整体阅读速度。

二、快速阅读的误区

在我们进一步推进和探索快速阅读的真谛之前，首先需要消除一些关于这项活动的常见误区，这将有助于我们保持真实的预期并厘清快速阅读的真实内容。

误区 1：快速阅读是一个神话

我们接触到的第一个误区是坚持认为快速阅读是不可能的。如果不放弃对所读内容一定程度的理解，你根本不可能大幅提高阅读速度。所谓快速阅读专家自己也常常犯这个错误。一些专家声称在阅读的过程中，理解并不重要，有时候只需要浏览整页，理解所写内容的主旨即可。

但是，这个观点显然是错误的。阅读过程中，理解至关重要。如果你不理解材料的内容，那么阅读毫无用处。其实你可以不必在理解上做出牺牲，也一样能够把你的阅读速度提升到某个点。

一些专家声称每分钟可以阅读两万字或两万五千字，同时仍然理解所有内容。显然这是不真实的。从生理学角度，根本不可能阅读那么快，因为我们的眼睛不可能以这么快的速度浏览文字。正如前面所讨论过的，阅读的时候，眼睛盯在某个句子上，接收到所看到的所有文字，在跳到下一句话之前，理解所有这些词汇连在一起的意思。这个过程中，眼睛的浏览速度是有限的。

一些专家曾尝试去突破有限时间内获得更多信息的极限。不是逐句阅读而是继续阅读前浏览整个段落。这个问题的缺陷在于，接收文字的时候我们眼睛能力是有限的，它们移动之前只能接收一定量的文字。

人的生理因素不仅仅归咎于眼睛，大脑也很难同步处理多行信息，因为大脑的工作记忆是有限的。结果是没有完全理解接收的所有信息，导致理解更差。所以，阅读速度能提升到哪种程度，这个问题将把我们带进下一个快速阅读的误区。

误区 2：适度提高阅读速度可能会导致理解下降

这个误区需要谨慎地对待，因为在某种条件下这一观点是成立的。但是，如果你是在把理解放在首位的前提下运用了快速阅读技巧，这个观点当然是不成立的。人们确实可以在不削弱理解的前提上提高阅读速度。但假如你仅仅一味地关注尽可能快地阅读，阅读质量难免会大打折扣。

科学证明，在完全理解的基础上，人的阅读速度差不多是每分钟 500 到 600 字，这是极限，任何超过每分钟 600 字的阅读都将导致理解上的损失。大学生的平均阅读速度是每分钟 300 字，这意味着让你的阅读速度翻倍，理论上是可能的。

有人声称能够超过这个速度进行快速阅读，那么他们快速阅读时必然会略过部分段落和篇幅。有一些书，比如那些非虚构作品，确实可以在不影响理解的前提下略过部分内容。但假如你正在阅读的是一些晦涩难懂的资料，你可能需要降低阅读速度并多次重读以便完全理解它们。如何运用快速阅读技巧取决于你在什么情况下使用这些技巧。

这里需要强调的重要的一点是，人们很容易陷入简单尽快阅读的陷阱，并确信自己已经完全理解。快速阅读被正确使用就是一把利剑，如果被随意地使用，则可能会造成理解不透，并形成对学习毫无助力的不良的阅读习惯。

误区 3：快速阅读技巧没有用

这个误区的支持者认为，你可能会成为一名阅读较快的读者，但是快速阅读的技巧对你毫无助益，你只需要多读，不断习惯用较快的速度加工信息即可。他们认为，除了坚持阅读，你不需要做别的，你的阅读速度自然会增长。

　　和第一个误区一样，这个误区的偏颇之处在于快速阅读专家本人做了一些古怪的断言。这些专家声称：快速阅读的时候始终都要避免默读，因为默读会放慢你的阅读速度（每分钟字数阅读率），默读仅仅是一个在你脑海中大声阅读的内部声音。在你的孩童时代，你可能会把文字大声读出来，这样有助于你较快地理解。默读是同样的过程，不过它全部发生在你的脑海中，并且在理解内容的时候同等重要。

　　上述观点问题在于这看似在陈述一个众所周知的事实，而事实上，某些情况下，比如当你在阅读复杂材料或者仅仅为了愉悦而阅读时，默读是可取的，因为它或是为了有助理解，或者为了享受文章内容，但是，在其他情况下，为了提高阅读速度，默读需要被有效控制。

　　如果你想马上测试一下阅读技巧是否有用，这里为你准备了一个戏法。当你阅读的时候，用一个指针（一支钢笔或铅笔，甚至是你的指头）在文本中画线。这个技巧的作用在于眼睛因为一直盯着某些点而降低走神的频率。如果你察觉到这个方法对你确实有用，你就会知道快速阅读是真实的。

三、快速阅读的好处

前面章节中我们阐述了一些关于快速阅读的误区，这里我们将探讨一些真实的快速阅读技巧。你能从实际的快速阅读中获取诸多的好处（尽管这些将花费一些时间去实践摸索），你越早知道它们越好。

好处 1：提高记忆力

乍看之下，记忆力似乎和阅读没什么关系。但事实并非如此。阅读的时候，我们的大脑持续使用内存去保留我们看到的文字并且准确解读它们，一旦我们弄懂了各种不同句子的含意，大脑也会储存这些信息，以备日后使用。阅读会提高你储存大量信息的能力。快速阅读迫使你的大脑运转得更好，因为你需要相应的速度去处理文字。

好处 2：提高专注度

这个好处更加直观，因为快速阅读要求你全神贯注于阅读，这是你能读快的唯一方法，思想开小差将摧毁使用快速阅读技巧的全部目标。当你将快速阅读付诸实践的时候，你的思想将熟练地集中在阅读上，这个技能对于你生活中的其他领域也将有重大的帮助。

好处 3：提升自信心

太多的人对书本胆怯，尤其是长篇大论。但是，一旦你掌握了快速阅读的技巧，你能够轻而易举地通览并且理解最有挑战性的书籍，并且能够比大多数人更快地做到。显而易见，这个技能对培养自信多么有价值。不管放在你面前的是书籍、文章或者报纸，等等，你会相信自己能很好地理解并且拓展自己的知识，而不像大多数人那样苦苦地挣扎。

好处 4：提升逻辑能力

快速阅读的时候，你的大脑在短时间内处理大量的信息，这能让它更加容易注意到阅读的材料中的逻辑错误和讲不通的地方。

通过实践，大脑处理信息的能力显著提升，能够找到与最近已经吸收知识的关联之处，并让你对手边的材料产生自己的独特分析。逻辑方面的提升伴随着记忆力上的收获，两者并驾齐驱共同帮助你以新的视角看待阅读材料。

💡 **本章要点：**

- 我们常用的阅读方式会花费很长的时间。当下，我们通常没有时间坐在那里看完几百页的书。要解决这个问题，我们必须学会更快地阅读，这样我们才能适应目前的生活方式，这就是快速阅读的意义所在。

- 快速阅读主要涉及大脑的两个区域：布洛卡区和威尔尼克区。前者主要影响语言的产生，后者则影响语言的理解。后面我们将会看到，这些区域对减少默读非常重要，快速阅读需要跳过布洛卡区功能，而只依赖威尔尼克区功能。

- 关于快速阅读的几个误区在互联网上比比皆是。其中最大的误区就是快速阅读是一个神话，并不能帮助你读得更快。另一个常见的误区是适度提高阅读速度可能会导致理解下降。第三个误区是默读对准确理解词义至关重要，而快速阅读毫无疑问会削弱理解。虽然在某些情况下这个观点或许是成立的，但肯定不是所有情况下都是对的。

- 当你将本书中的技巧付诸实践时，你就可以体会到快速阅读的诸多好处。主要包括：逻辑能力的提升，因为你能更好地阅读文本；记忆力和注意力的提高，因为只有当完全专注于文本时，你才能读得更快；自信心提升，因为你能做到在短期内获取知识。

第二章 »»»

预读是关键

"快速阅读"这个概念给人的感觉是，你只需训练自己以更快的速度浏览单词和句子，以便更快地读完一本书。这确实是快速阅读很重要的一部分，但并不能概括其全部内涵。快速阅读另一个重要部分是所谓的预读。当你预读一本书时，是让自己提前做好准备，并在真正开始阅读之前收集尽可能多的相关信息。每本书的预读过程都不尽相同，但是有一些基本的策略可以帮助你成功地预读。

此时，你可能会想，究竟为什么需要预读呢？为什么不尽快开始呢？预读很重要，因为我们大多数人拿起一本书都有一定的意图，或者是想学习一些新的东西，或者是想探索一些书中探讨的特定主题。预读可以帮助你从所读的书中得到最大的收获，而不必从头到尾通读一遍。对于某些书籍，尤其是非虚构书籍，我们通常一开始并没有掌握正确理解这本书所需的所有必要知识。这意味着，阅读时，我们需要花更多的时间试图弄清楚内容是什么，以及有何相关性，等等。如果我们一开始就掌握了所需的信息，将会节约更多的时间。

预读还能让你了解这本书具体涵盖了哪些主题，作者的主要观点，以及自己大概需要花多少时间和精力来阅读这本书的相关部分。你可以通过简单地浏览书的某些部分来收集这些信息，比如，序言、引言、章节摘要和章节中的各个标题。这只是可以成功预读的众多方法之一，本章中，我们将讨论一些你可以使用的成功预读最有效的技巧和方法。

一、预览文本

预览文本可能是预读的最简单形式。这一方法是在最基本的层面上，只需要你熟悉这本书的主题。比如，从《魔鬼经济学：一个流氓经济学家探究了所有东西流氓的一面》这样的书名就可以清楚地看出，这本书与经济学相关。如果标题不那么明显，阅读文本的概要或索引可能会有用。这是一种简单的预览文本的方法，后文还有更多的方法帮助你更好地理解文本。

二、KBG 方法

KBG 预览文本的方法是试图让你弄清楚自己对某一特定文本内容的知识了解、偏见以及目标。这个方法需要遵循三个主要的步骤。

步骤 1：掌握主旨大意

首先，你需要做一些类似我们上文阐述过的预览方式，通过阅读标题、概要、索引等最能说明这个问题的方式去知晓该书的主题或话题。其次，你要通览全文并掌握全文相关粗体字标题的大意。

有些书倾向于每几页就有个标题，这会造成不可能在有限时间内把所有标题都看一遍，但至少你应保证在每章中研读足够多的标题，以理解这部分内容讨论的主旨大意。

最后，你要注意看一下那些散落在文中各处的图形及随附的说明，这与通览标题是一个目的。

步骤 2：进一步把握讨论主题

在这个方法的第二步，基于我们初步预览全文时掌握的知识，我们将继续深入。通过阅读标题和副标题，我们已经掌握了本书的梗概。现在，我们将试图把握该书如何展开讨论相关的主题。

首先是阅读序言。根据书的类型，一本书通常会在序言部分占用十页到二十页不等的篇幅有效总结各种主题、看法及论点。因此，阅读序言是第二步骤的重要部分，因为序言可能会给出你所需要的最有用的信息。

如果你赶时间，建议的做法是直接阅读序言并略过本步骤的其他部分。

处理完序言的时候，如果时间富余，你可再次回顾副标题。不过，这次你要阅读每个标题后面的第一行。第一行通常展示了副标题的足够信息，能让你对该部分将要讨论的内容有一个大致的了解。

接下来，你要阅读该书最后的结论。结论部分一般言简意赅地总结该书所涵盖的所有主题和论点。所以当你真正坐下来去阅读这本书的时候，你会觉得一切内容都更加熟悉。最后，如果这本书每个章节的末尾都列出了学习问题或主题，你也可以看一看。这些内容不可避免地会与那一章的主要内容相联系，这将进一步加深你对这个材料的熟悉程度。

步骤 3：KBG 列表格

现在，我们最后进入 KBG 方法的 KBG 部分。K 代表（先前的）知识（Knowledge），B 代表偏见（Biases），G 代表目标（Goals），最后一步需要你去探索将要读到的文章的相关内容。完成这一步的一个好方法是绘制一个三列三行粗略表格。第一列陈述字母 K. B. G 代表的意思。第二列包含与三个方面相关的问题。因此，第二列的第一行要有这个问题："关于本书的主题，我已经知道了什么？"，第二列第二行需要包含："在这个主题上，我有哪些偏见？"第二列第三行需要包含："我想从这本书中学到什么？"第三列包含的是这三个问题的答案。阅读的过程中不断地参照这张表格，提醒自己选择这本书的原因，并最大限度地从中学习。

　　让我们通过一个例子来看看如何完成这一步骤，依旧以《魔鬼经济学》这本书为例。通过前面的预览，你现在知道了这本书与经济学有关，并且在经历了 KBG 法的前两个步骤之后，你已经熟悉了这本书的内容。现在，你需要回答表格中的三个问题。第一个问题是，"关于这本书的主题，我已经知道了什么？"

　　也许你熟悉供求法则，即当一件商品的供应减少时，需求增加，反之亦然。也许你也知道经济学中效用的概念，它是指一个人从消费特定商品中获得的满意度单位。你还了解另外一些相关的概念，比如边际效用递减。把这些都记在方框里。如果这些知识出现在文本中，你可以花更少的时间在这些主题上，因为你已经熟悉它们，重读的益处并不是很大。

现在你需要考虑一下你对经济学或"流行经济学"（正如《魔鬼经济学》这类畅销著作）的偏见。你可能认为这类书籍试图将肤浅的分析呈现为有深度的东西，或者歪曲事实，目的在于让内容看起来比实际更有趣。或者你可能会认为，从经济学角度看问题只是分析问题的众多方法之一，它本身并不能反映真相。所有这些都会让你减少从《魔鬼经济学》这类书中学到的东西的潜在偏见。意识到这点将有助于你阅读这本书。

最后，你需要评估针对这篇文章的目标或预期的学习结果。你可能想要以一种有趣、平易近人的方式学习更多关于经济学原理的知识，但又要包含足够的深度，以有助于你的日常生活及学术研究。或者，你可能会对如何从经济学角度，而不是从心理学、社会学或政治学角度分析问题感到好奇。

也许你想了解一下如何恰当地使用统计学和经济学原理或概念来进行研究，诸如为什么父母去托儿所接孩子会迟到这样的问题。

总之，KBG 是一个非常好的方法，它能帮助你实现从某一特定文本学习中收获更多。因为它迫使你列出已经知道的东西、阻碍获取知识的偏见、阅读这本书的目标。这样，当你浏览文本的时候，你就可以全然地专注于它们。此外，通过预览引言、副标题、结论等，也会让你熟悉这本书的内容。这样，当你通读全文的时候，就不会感觉那么复杂了，这将大大提升你的阅读速度，同时也确保你学到尽可能多的东西。

三、4Ps 方法

正如你将在本章中看到的，KBG 只是三种预览文本的好方法之一。我们将在本节中讨论的方法称为 4Ps 方法。正如你可能已经猜到，预览（Previewing）是 4 个 P 之一，另外的 3 个 P 是目的（Purpose）、先前的知识（Prior knowledge）、以及预测（Predict）。下面让我们逐一分析一下每个字母都包含哪些内容。

1. 目的（Purpose）

4Ps 中的第一个 P 是目的，指的是阅读时你选择某一特定文本的原因，以及你的阅读目标。阅读目的会决定你采用哪种类型的阅读策略以及阅读文本的仔细程度。例如，阅读一本小说，你可以读得更快，也不必那么全神贯注，因为书中没有非虚构类书籍中那么多的专业信息。

当你试图确定自己的目标时，问一些问题比较有帮助。

问问自己，你是否在探寻关于一般性问题或主题的讨论，诸如狄更斯小说中的贫穷，或者从诸如《魔鬼经济学》这样的书中获取经济学的具体细节。另一个要问你自己的问题是，你是否会在课堂上使用这篇文章作为作业？比如它是否在类似于小组阅读中被他人讨论，或者它是否可以被作为考试大纲的一部分？这些问题将帮助你以更加合适的方式阅读文本，从而让你的目的更容易实现。

最后，问问自己这个文本如何融入你的目标和关注点。如果你想熟悉经济学，《魔鬼经济学》对你有什么帮助？对你又有什么阻碍？像这样的问题，有助于你将注意力放在书中最重要的部分去搜寻答案。同时，让阅读变得更容易，更快。

2. 预览（Previewing）

第二个 P 是预览。我们已经很详细地讨论过这个问题了，不过要注意你要浏览的一些要点包括标题、首尾段（对于短篇作品）、所有不同的标题、副标题以及引言。所有这些应该足以让你对这篇文章讨论内容、主要论点和主题等有一个恰当的认识。

3. 先前的知识（Prior knowledge）

这个方法中的第三个 P 是先前的知识。就像前述 KBG

方法中 K 内容一样，评估先前的知识只是需要试图确定你对文章主题已经知道的内容。如果你在读尤瓦尔·诺亚·哈拉里的《智者》，问问自己对历史，尤其是古代历史，了解多少。一旦你确定了自己已经知道的东西，你就可以少花些时间在已知的内容上，而把更多的精力放在你还想学的东西上。

4. 预测（Predict）

四个 P 中的最后一个 P 是预测。完成了前面的三个 P，试着尽可能准确地预测作者针对你前面碰到的主题或副主题会论述些什么。这将提高你对文本的兴趣，随着时间的推移，你会更好地预测作者的重点。能够准确地预测作者将要说的内容会带来无与伦比的满足感，这将提升我们在这里有所建树的积极性。

让我们通过一个例子来看看 4Ps 方法是如何运转的。我们同样使用 KBG 方法中用过的《魔鬼经济学》的例子。第一个 P 是目的，我们之前简要地讨论过这个问题。你的目标可能是学习更多的经济学知识，或者了解各种激励因素如何影响我们的决策，以及如何进行一般的经济分析。

第二个 P 是预览。这一部分相对直接，因为你只需要浏览本书前面提到的部分内容，并更好地了解该书涵盖的所有主题。

第三个 P 是先前的知识。列出所有你已经知道的关于经济学和经济分析的东西。这样，你就可以花更少的时间在这些已知的东西上，而是专注于你所不知道的东西，以及关注于如何达成你学习目标的那些内容。

第四个 P 是预测。现在，你或许已经知道该书关注的是激励在我们生活中的作用。由此，我们可以预测，作者将把激励与决策联系起来，并讨论当我们做决策时，我们是如何暗自地权衡利弊，并试图据此影响结果。这是关于预测的一个例子。一本书涉及的话题越多，你需要预测的机会就越多。

正如你所看到的，4Ps 方法确实包含了 KBG 方法中讨论的许多内容。选择哪种方法的两个主要影响因素是你所拥有的时间和所阅读的文本的篇幅。KBG 方法更适用于较长的文本，比如书籍。而 4Ps 方法更适用于较短的文本，比如文章、中篇小说等。从时间的角度来看，KBG 方法显然比 4Ps 方法更费时。但是前者也会产生更好的效果，因为在 KBG 方法中预习会更充分。如果你特别赶时间，你也可以使用 4Ps 方法来处理较长的文本，但要记住你要做的权衡。

四、THIEVES 框架

我们将要讨论的第三个方法也是最后一个预览方法——THIEVES（小偷）方法。这些字母分别代表：

T-主题（Titles）

H-标题（Headings）

I-引言（Introduction）

E-每段首句（Every first sentence）

V-视觉材料（Visuals）

E-章末问题（End of chapter questions）

S-摘要/结论（Summary/Conclusion）

在上一节中，我们注意到 4Ps 方法是 KBG 方法的一个简易版本。THIEVES（小偷）方法是较上述两个方法更加简易的版本，意味着只需要 5 分钟就可以完成。

显然耗时较多的两件事是引言和摘要/结论。对于 THIEVES 方法，你只需要粗略地浏览二者（引言和摘要/结论），因为这个方法只是想让你熟悉文章涉及的主题和标题。

让我们再次借助《魔鬼经济学》这个例子来看看这个方法。你开始完整地阅读该书的标题：一个流氓经济学家探究所有东西流氓的一面。然后，继续阅读书里的各种标题，尽管这本书里的标题并不是很多。所以你只需要阅读该书每个章节的标题。接下来进入引言部分，差不多有 13 页的篇幅。快速浏览这部分内容最多只需要一分钟。接下来，由于该书标题很少，因而你需要阅读每个章节的第一个句子。

本书也没有太多的插图，你可以跳过这部分以及每个章节末尾的问题部分。最后，这本书没有摘要/结论，不过每个章节的最后一个段落在揭示章节内容方面起着很重要的作用。

通过上述这些内容，你就完成了 THIEVES（小偷）浏览文本的过程。

五、主要观点和关键词

你可能已经从我们关于预览的讨论中了解到，这部分内容的主要目的是熟悉书中讨论的主要观点和中心思想。我们介绍了三个框架，它们将帮助你在阅读任何文本时都能达到这一目标。接下来，我们将介绍一些不仅可以在浏览文本时使用，而且可以在通读整本书时使用的技巧。

我们讨论的第一个主要主题是略读主要观点。当你浏览上面突出标注的文本时，如标题、引言、结论，以及每个标题下方的第一行等，你应该注意某些特定的词语。这些特定的词语包含原因、影响、结果、对比、利弊等词汇。

这些词之所以重要，是因为它们通常代表着一篇文章内容中最重要的部分。前三个词都表示两个或多个事物之间的相关性或因果关系，而后两个词强调了影响特定结果或对事件的不同论点或因素之间的对比。当你更加频繁地注意这些词语时，你的眼睛会自动地更习惯于在文本中发现它们，你就能比以前更快地跳到相关部分的内容了。

　　与之相关的一个概念是关键词。一旦你训练自己去识别它们，你就能很容易预测作者接下来要讲的东西。这样你就能更快地处理文本，并提高整体阅读速度。有很多不同类型的关键词，罗列如下：

　　1. 表附加的词：也、进一步、此外、并且、而且、还、除……之外（还）。这些词想表明，将要提到的是与已经说过的内容密切相关的东西。

　　2. 表等价的词：也、同时、相似的（similar）、同等重要的（equal important）、同样地（likewise）。

　　3. 表陈述的词：比如、具体来说。这些短语通常是通过举例来扩展已经说过的内容。

　　4. 表选择的词：或者、除……以外、两者都不、否则。这些词表征出两个不同事物之间的差别。

　　5. 表重复的词：再一次、换句话说、重申一遍、也就是说。这些词重复了强调的内容。

6. 表对比和改变的词：但是、与此相反、不过、相反地、另一方面、虽然、尽管、取而代之、然而、而不是、无论如何、尽管如此、即使。与表选择的词类似。

7. 表因果的词：因此、因为、那么、所以。这些词表示元素之间的相关性或因果关系。

8. 表让步的词：的确、当然。这些词语表达的是对所提及的某事的赞许。

9. 表强调的词：毕竟、更重要的、确实。这些词强调的是对某事的注意。

10. 表顺序的词：首先、其次、随后、最后。这些词用于对所写的内容增加结构。

11. 表时间的词：后来、同时、现在、以前、随后、此刻、从前、最终、早先、以后。与表顺序的词类似，这些词主要用于标注文章的时间线索。

12. 表总结的词：为此、简言之、总之、概括来说。这些词用于总结所阐述的内容。

虽然这个列表看起来很长，但如果你在日后阅读中有意识地去找出这些关键词，你最终会习惯的。当你坐下来阅读的时候，手边有一份这些词组的列表，可能会有帮助。因为从长远来看，能够发现这些关键词将会大大提高你的阅读速度。

六、莫提默·艾德勒的四个阅读层次

如何获取你需要的信息？如何通过阅读真正有效地增加你的知识？

哲学家莫提默·艾德勒在他的著作《如何阅读一本书》中提出阅读具有四个层次。艾德勒认为，阅读并不是一个单一的、普遍的、始终一致的行为。他将阅读行为分为四个独立的层级，它们在阅读目的、付出努力和花费时间上都不相同。此外，不同的层级适用于不同类型的阅读——有些书可以适用于所有层级，而另一些书则只适用于一两个层级，认真地遵循这些层级要求的阅读方法将会大幅提高你在这个主题上的专业知识，尤其是在较高的两个层级上。

艾德勒的四个阅读层级，从简单到复杂依次为：基础阅读、检视阅读、分析阅读、主题阅读。

1. 基础阅读

这个层级的实质就是学习阅读，即中小学教的那种阅读方式，而你早已超越了这个层级。从书中学习这些字母是什么，单词如何发音以及它们的客观意义。比如"猫在床上"，这句话的意思就是有一只猫在床上，绝对不是说有一只狗在沙发上。完全不用费脑子，对吧？

基础阅读也适用于正在学习一门新语言的成年人，他们需要接受理解新字母、新词汇和发音的训练。同样，一个第一次阅读技术类教科书的学生也需要学习新的句法或特殊的行业术语。任何时候，只要你遇到了一种新的语言、方言或专用词，你都是处于基础阅读。

2. 检视阅读

对读者来说，更高一个层级是理解某本书的精华——但不是消化书的全部。这种状态被称为检视阅读，这个过程有时会被热切的读者贬低或者忽略，但在发展专业知识方面，这是一个非常有价值的过程。

检视阅读实际上包括两个小阶段：

——系统略读。这个过程其实是在随意地翻阅一本书中除了它的正文文本以外的某些元素，例如浏览内容简介、目录和索引，或者阅读序言，或者看看封面背后的简评。如果你正在看的是一本电子书，那么还可以阅读线上描述和顾客评论。系统略读给你提供了足够的信息，让你知道这本书的主要内容，以及如何给它分类："这是一本关于'第二次世界大战'的小说"，或者"这是一本教你如何烹饪法国大餐的书"。

——粗浅阅读。在这个阶段，实际上就开始读这本书了，但只是以一种比较轻松的方式。从头开始读，但在看内容的时候，不需要全神贯注或者思考过多，不用在页边空白处做笔记，也无须查找不熟悉的短语或概念——如果有一个段落你不理解，只需跳过它，继续看下一部分。在粗浅阅读中，你得到的是这本书的基调、节奏和总体方向，而不是吸收正式文本中的每一个单独元素。

检视阅读有点类似于侦查任务或调查，你只是在感受这本书里的内容并收获一些阅读体验。你可能会在书中发现几个比较广泛的、普遍的观点，但你不用深入地研究它们。这时，你才会发现你可能想要看什么，然后会决定自己是否有足够的兴趣去继续深入阅读。

举个例子，假设你正在看一本关于古典音乐的书。在系统略读这一步中，你会看到标题和副标题，还会看到封底评论，上面写着"这是一个对古典作曲家深入但有点儿不恭敬的研究"。你还会看到目录——有些章节的标题是"瓦格纳的变装癖""莫扎特的猫模仿"和"贝多芬对老鼠的爱"。从这一点上，你已经确定这不是一本严肃的作品，也不是一个可能增加你专业知识的信息源，尽管它看起来挺有趣的。

为什么一个新手专家要经历这个阶段，而不是直接跳到下一个层级呢？原因在于，即使你手头的资料不是一个深入的研究，它仍会给你很多启示。你会了解到作品的表达方式：它是严肃的、滑稽的，还是讽刺的？它是依赖于真实生活中的叙述还是虚构的想象？它有大量的统计数据吗？它引用了很多外部信息源吗？它有资料图片吗？

深入理解这些问题的答案，将有助于你构建内容以及定义你的期望——如果你决定继续读这本书，那么这一步将使下一个层级的阅读更有效率。

3. 分析阅读

第三个阅读层级是消化一本书或其他资料的最深层次——它是充分消化吸收手头资料，并与之互动交流的过程。分析阅读的挑战很简单："如果时间不成问题，你会多彻底地阅读这本书？"

分析阅读可以理解为将书从作者的手中拿走，并化为己用。你不仅仅只是阅读文本，你要对关键点做标识或下划线，要做评论或者提问。在某种程度上，你可以使用在空白处批注的方法，假装正在与作者进行对话。

分析阅读的目标是充分理解某个资料，这样你就可以毫不费力地向别人解释它。你能够非常简明地描述资料的主题，还能够按顺序罗列出资料的各个组成部分，并说明它们之间是如何相互关联的；你也能够理解并指明作者所关心的主题，以及知晓这个资料试图解决的问题是什么。

举个例子，假如你正在阅读史蒂芬·霍金的《时间简史》，你会把第一部分中关于物理学史的关键短语标识出来：比如宇宙大爆炸理论、黑洞和时间旅行。你可能会给哥白尼和伽利略的名字加上星号，标注以后要更充分地研究一下他们。你可能会质疑霍金对宇宙膨胀的解释说明，并把这个问题写在页面空白处。

分析阅读是一项艰苦的工作，但在这个阅读层次中，获得新见解的兴奋感是最深刻最值得的。这种与阅读资料的互动交流使学习更具主动性、积极性——不是仅仅去听别人的全盘灌输，反而更像是你自己在萃取信息。当你这样做的时候，你的思维投入程度更高，这意味着你更有可能记住你所学习的东西。这是一条更容易获得专业知识的途径。

4. 主题阅读

在阅读的最高层级，你需要使用涵盖同一主题的多本书籍或资料。有人将主题阅读描述为"比较/对照"，但实际上它比这个要深刻得多。注意不要将主题阅读（syntopical）与拼写相似的概括阅读（synoptical）相混淆，它们两个根本不是一回事。

在这个阶段，你会试图理解正在学习的这个主题的整个范围，而不仅仅是关于它的一部分。你需要分析出这些书籍中提出的思想、语法和论点的差异，并进行比较；你需要识别并填补可能存在的任何知识盲区。你像是在与多个合作伙伴协商交谈，然后形成并整理为你需要回答的最紧迫的问题；你还要识别出这些书籍资料中所涵盖的主题，以及主题涉及的所有问题和方面，并查找你不懂的措辞和术语。

主题阅读是一种比较重要的任务，很像一门全学期内的大学课程，不过是你自己教自己。要把主题阅读看作是一种积极的努力学习，它通常不会与阅读小说之类的放松行为联系在一起。

再打个比方，主题阅读就像是一个电视剧或电影，剧中有些人试图解开一个多层次的复杂犯罪计划。在电影的某个场景中，他们展示了一个巨大的公告板，上面有图画、便利贴和人物照片，还有连线来展示它们之间的联系。当从不同的信息源发现新信息时，它们都会被添加到公告板上。这就是主题阅读的状态：它是一种共同的努力，用以找到答案和增加你的专业知识。当然，你不需要与犯罪团伙打交道，你可以专注于更加合法正当的主题，比如奥卡姆剃刀、荒诞戏剧或股票市场。

　　把这四个层级作为连贯的步骤，能够使你逐渐接近一个主题，更加了解它，直至最后，完全掌握它。

　　——在基础阅读阶段——你在学习阅读，这是一切知识都需要的起点。

　　——在检视阅读阶段，你将获得知识体系和结构的概况，并且调整你的兴趣方向。你会评估你将在更深一个层级中遇见什么，并以此为依据来决定是否进入分析阅读，如果确定，你会为自己做好准备。

　　——在分析阅读阶段，你将致力于付出大量的努力，从尽可能多的视角去全面理解这个主题。你在吸收、消化和质疑这本书，并对它所涉及的主题产生更加旺盛的好奇心，驱使你去学习更多的内容。

　　——在主题阅读阶段，从某种意义上说，你"毕业"了，从对一个主题单一或有限的观点到达了对主题所有元素的整体全面研究。事到如今，你可以从多个角度划分你的专业知识层次——这是你在休闲娱乐性的阅读中无法体会到的东西。

七、SQ3R 方法

　　最后一种预读方法是关于在阅读中做哪些工作。这个方法叫 SQ3R 方法。该方法以其五个组成部分命名：浏览

(Survey)、提问（Question）、阅读（Read）、复述（Recite）、复习（Review）。

1. 浏览

该方法的第一步是获得你准备阅读的资料的一般概况。小说或叙事文学只需要从开始读，然后顺水推舟地读完每一章，但教科书和纪实作品则不能这样阅读。最好的纪实类作品会以一种清晰难忘的方式来表达信息，且有着层层递进的建构方式。如果还没有浏览，就直接深入阅读，你将是盲目的，不知道会去哪里，也不知道试图达到什么目标。在探究第一章之前，你应当先看一眼整体的内容。浏览这个步骤能使你获得关于这本书主题的大致介绍，这样，你就可以制定你想要从阅读这本书中达到的目标了。

这就像你在开启一段公路旅行之前，要看一眼整个地图一样。此时你不需要拥有全部知识，但是要了解整体中的每个部分是什么以及它们如何关联，这将有助于你接下来处理细节及无用信息。由此，你也将会知晓，感到困惑时，你通常需要朝着哪个方向寻找线索。

在SQ3R方法中，浏览意味着查看作品的结构：包括书名、引言或前言、篇标题、章节标题、小标题和副标题。如果这本书有插图或图表，你也需要简单看一看。你还可以注意一下，这本书用来引导你阅读的惯例：字体、粗体或斜体文本，以及是否有章节目标和学习问题。在浏览步骤中，你要对即将阅读的材料建立预期，并给自己一个初始框架来建构你的阅读目标。

比如，假设你正在阅读一本书了解更多关于地质学的知识。我碰巧有一本约翰·谢尔顿写的《地质学画报》，它已经有 50 年的历史了，已经绝版了，但它对我们的研究很有帮助。

这本书中有一个序言，描述了书中的内容以及插图的排列方式。书中有一个异常笼统的目录，分为几个部分："材料""结构""雕塑""时间""案例历史"和"意义"。这告诉我这本书会从具体的地质元素开始，进而阐述伴随时间的流逝，它们如何形成，有哪些重要事件，以及我们可能会在未来看到哪些东西。这是对本书一个很好的猜测。

该书的每个部分又被细分成章节，每一章节又被分成大量的标题和副标题，太多了，这里就不一一赘述了，但上述这些对每个部分的内容做了更细致的总结。当你调查并知晓自己正在学习的内容的重要性时，你就能立即更好地理解它。这就好比观察一个单独齿轮与观察齿轮在复杂的时钟中的位置及运转方式的区别。

除了书籍之外，你还应当考察一个学科中的所有重要概念。如果你没有在类似于书籍目录这样的结构中找到它们，那么你需要尝试自己创建。是的，这是一个困难的环节，但是，一旦你能够阐明所有的概念，并至少在表面层次上理解概念间如何相互关联，你就会领先于其他人。在浏览阶段形成将要学习的内容的大纲，从某种意义上看，这很像是在为自己策划一本"书"。

你要对所学的东西勾勒一个大概的框架。由于你是根据自己的意愿进行学习，所以你要清楚你想学的东西与你正在阅读的内容之间的差距。因而在这个阶段，你要准确地把握你要了解的内容，要尽可能具体。比如，如果你想学习所有的心理学知识，那将会花费大量的时间，不是一蹴而就的。你需要更具体一点的学习目标，比如，精神分析的早期历史、西格蒙德·弗洛伊德和卡尔·荣格的作品、运动心理学、发展心理学等。

你需要留意从不同的出处出现的短语或概念，因为这意味着这些概念是在你所选择的领域中经常出现的元素，可能是你必须知道的东西。深入研究任何概念之前，先厘清它们之间的联系和因果关系。比如，假设你想研究欧洲电影史，用搜索引擎输入"欧洲电影史"，会搜索到很多有趣的可能结果，其中一些可以用来勾勒你要的知识框架。

你可以在亚马逊上搜寻阅读材料，可以找那些看起来最权威的材料。互联网电影数据库（IMDB）可以帮你找到最重要的电影供你观看。你可以知道哪些欧洲导演最牛、看起来更重要且富有影响力。你可以研究一下哪些欧洲电影评分最高及其原因。你可以收集一些材料，介绍某些国家的某些电影活动，以及这些活动的开展意图。

然后，整理这些资源，列出一个学习每部电影的计划，也许是学习一本关于早期欧洲电影史的书的一个章节，然后看几部代表你现在所处时代的电影，接下来给自己布置一个电影评论作业。注重收集和组织资源，尽管你暂时还不需要接触这些资源。重要的是，在深入研究这个话题之前，你已经调查过这个话题，从而明确自己要研究什么内容以及研究这些内容的目的。

2. 提问

在 SQ3R 方法的第二阶段，你仍然无须深入研究资料。在提问阶段，你得多花费点儿心思集中注意力，并与你正在阅读的资料进行互动。你要稍微仔细地看看这本书的结构，并形成一些你想要回答的问题，或设定出你希望达到的目标。

在阅读一本书的提问阶段——或者更准确地说,准备开始阅读——你要浏览一下章节的题目、标题和副标题,然后以问题的形式重新表述它们,这样,就把作者给出的枯燥标题转变成了你要解决的挑战或问题。例如,如果你正在读一本关于弗洛伊德的书,可能会有一章叫作"弗洛伊德解析梦境的理论基础",那么,你可以把这一章的标题改写为"弗洛伊德关于梦的解析的研究是如何开始的?他对这个主题的最初想法是什么?",你可以把这个问题写在书的空白处。如果你正在阅读的这本教科书在每一章节的最后都给出了学习问题,那么这些问题也可以成为你想要寻求的知识点的优秀指南。

在地质学书中,恐怕没有太多的章节标题可以用询问的方式来改写("风化""地下水""冰川"等)。但是有些标题或许可以改写,例如,"变质作用对沉积岩的某些影响"可以改写成"在数亿万年间的环境变化中,底部中心的岩石会发生什么变化?"这里我不仅把标题变成了一个问题,而且还把它改写成开始阅读前我就能理解的措辞。

现在你已经组织好了用于学习计划的资源,你可以把你将要涉及的一些主题改编成你想要回答的问题或你想要达到的目标。根据你整理的原始材料和可能观察到的模式,你希望在自己的研究中找到什么具体的答案？把它们写下来。这也是想出回答某一问题的框架的好时机——比如每日日志，自我管理测试，或者是某种"知识追踪器"。你还不需要具体回答这些问题，不过你需要知道当你回答这一问题的时候，你将用何种方式记录它们。

在欧洲电影史的例子中，如果你在调查阶段做过最粗略的调查，你肯定不止一次见过某些导演的名字：费德里科·费里尼、让·吕克·戈达尔、路易斯·布努埃尔、弗里兹·朗，等等。你会觉得他们是需要了解的重要人物，所以你可以问这些问题："为什么费里尼如此有影响力？""布努埃尔的导演风格是什么？""戈达尔在电影创作中追求的是什么主题？"你可能会遇到一些欧洲电影中常见的概念或主题，比如"法国新浪潮""第二次世界大战""新现实主义"。把这些记下来作为你的学习目标，并把它们列到你的学习计划中。

3. 阅读

在这个阶段，你终于准备好深入研究这些资料了。因为你已经对资料拥有了一个大概了解，并为你的学习形成了一些问题和目标，当你最终坐下来阅读时，你会更加投入一些，你将去寻找你所提出的问题的答案。注意，在实际开始阅读之前，系统规划中还有一个容易被低估的方面，那就是建立对学习的预期。如今，你查阅所有资料已经有一段时间了，你可能会特别渴望赶紧深入研究，并且回答那些积累在大脑中的问题。

这一步是大多数人试图开始但却屡屡失败的地方，因为他们此时还缺乏知识根基，却有着不够理性的期望。

现在，你应当保持审慎从容的心态，调整好阅读进度，以保证你能更好地理解材料。这意味着要大大地放慢速度，对这些材料和你自己都要有耐心。如果有一段内容很难理解，要更慢地去阅读。如果没有弄清楚某个部分，停下来，回到开始，重读一遍。你并不是在读一本你无法放下的、引人入胜的小说，你所阅读的信息可能包含了密集的知识点，所以慢慢地、仔细地处理它，一次只处理一个部分。

阅读书籍可能是你学习计划的一部分，同样，那些视觉辅助工具、在线课程、互联网资源也可能是你的学习材料，就像你在阅读阶段使用书籍的方式那样去使用这些材料：审慎从容并且坚持不懈，目的是充分理解你要学习的每个概念。如果你感到迷惑，记得把它们倒回去并重新播放。计划好你的学习时间，以尽可能全面地提高理解水平。

以欧洲电影史为例，这一点显而易见。用批判的眼光审视你正在看的电影，有时候，你可能需要倒带去捕捉那些相关的视觉图像、对话或动作。如果你能看到一段带有导演评论的视频，没准儿你会想用掉整整一个下午的时间。将电影与你正在阅读的书籍或正在学习的在线课程进行交叉验证，回答你的任何问题或想法。

4. 复述

这一步在加工处理所学习的信息时是至关重要的，也是学习式阅读和娱乐性阅读之间最大的区别。现在，你已经熟悉了这些材料，复述阶段的目的是重新定位你的思想和注意力，以便你在前进的过程中更充分地学习。换句话说，这一步是关于实质性的内容记忆的。

对你所阅读的材料大声地、口头地提出问题，这些问题也是要点，和你之前在文本空白处写下的大量注释和下划线标识的关键点一样。复述可以通过口头的方式，也可以通过书面的方式进行。但重要的是，要用你自己的语言来重述这些观点，而不仅仅是把书中的段落抄录到一张纸上。通过这样做，你就会获得新知识，并能够用自己理解的语言来阐释，使得信息能够更容易被领会体悟，也对你产生了重大的意义。

举个例子，如果你正在看一本地质学书籍，你可以用以下方式重新措辞和重写要点，原始文本如下：

"这种比较表明，丘陵和山脉上侵蚀的缓慢进展与我们所看到的更快速、更可观察到的小规模侵蚀变化相似。"

你可以把上述文本重写成这样的内容：

"山脉和丘陵经历的腐坏过程与小洼地和河流一样，只是更缓慢。类似于棒球运动员衰退一样。"

我在这里所做的是把一个小的信息用不同的短语表达，最好是自己想出来的。这是一个用于复述的有效工具，对我个人而言，这也是让信息更有意义的好方法。我还添加了一点关于棒球的内容，因为我喜欢棒球，当我回顾它时，我可以立刻理解这个概念。

在整本书的学习过程中不断重复这样操作，这个经历会大幅度增加你的学习能力。

在你的学习过程中安排复述阶段是很棒的，因为它适用于不同的媒介，而且你能用很多种方式表达你的问题和叙述。

回到欧洲电影史的例子，如果你在看英格玛·伯格曼的《第七封印》（故事梗概：中世纪骑士遇到死亡天使，试图和他下棋来争取时间），你可能会写下关于这些方面的问题：《圣经》的参考资料、艺术指导、中世纪参考资料、电影制作方法等。你也可以写一个总结或做一个电影的视频，并标注与你的问题最相关的关键镜头。

你也可以把它与伯格曼的其他电影进行比较，或者标注他的风格与你正在研究的其他导演的相似之处。重要的是，你要花时间去改写和复述新知识，让它对你，而非对其他人，有意义。

5. 复习

这是 SQ3R 方法的最后一个阶段。你要回顾已经学习过的材料，重新温习最重要的知识点，并建立起记忆材料的技能。

罗宾逊将这个阶段分解到一周当中的不同时间里执行，在这里，我们不再赘述细节，只提到一些总体策略。包括：写出更多关于你所强调的重要部分的问题，口头回答一些问题，复习你的笔记，为重要的概念和术语创建抽认卡，用你自己的语言重写内容目录，构建一个思维导图等。任何可以帮助你深入研究、吸收和记忆信息的练习都是有用的策略（抽认卡非常有效）。

这一步会加强你对资料的记忆，此外，还有更多的作用。它可以帮助你看到该主题不同方面之间的联系和相似性，在刚开始阅读时你不一定能注意到这些；它也可以帮助你把概念和想法放到更大的语境中；它还可以提高你的心理组织技能，这种技能可以迁移至其他主题的学习。

可以把这个步骤看作是浏览步骤的自然延续。这个时候，你已经勾勒出了这个领域的轮廓，你已经进入了重要细节。现在，你应该后退一步，重新评估并更新，建立更准确和更深刻的联系。和记忆结合起来，便是你通往自主学习和专业知识的基本捷径。

我的地质学书里有很多可以写在抽认卡上的术语。"单斜""分层""冰川冲刷"，现在拿出记号笔做标记。但我也可以用流程图或其他视觉媒介来描述冰川作用的过程。我可以画出地球年龄的时间轴，并将其与每个时代发生的最大的地质变化联系起来。我还可以记下书中出现的问题，这些问题要么没有得到回答，要么需要我做更充分的调查。

同样，你可以运用复习阶段的基本原理来制订学习计划。在我们欧洲电影史的例子中，你可以为欧洲电影的导演们制作一个目录或数据库，概述他们的作品、主要主题或他们偏好的风格。你可以制作一些抽认卡来帮助你回忆不同欧洲流派的重要部分："新现实主义""黄色恐怖""意大利西部片""视觉系电影"。当然，你也可以把你学到的东西写下来，可以是书面形式，也可以是一些视觉表达形式。

SQ3R 方法可不是闹着玩的，它叙述详尽，需要耐心以及明确的部署来完成。但如果你给自己足够的耐心和投入，认真而缓慢地走好每一步，你会发现 SQ3R 方法对处理复杂的主题特别有益处。每做一次，都会比上一次简单一点。

 本章要点：

- 预览一篇文章本质上是指在阅读之前收集你需要了解的所有相关信息。可以包括基本的细节，如文本的标题、摘要、索引等，或者你可以使用更全面的预览方法来更加详尽地熟悉文本。

- 一种更为复杂的预览方法是 KBG 法。这里，首先要注意所有的基本细节，如主题、标题等。然后，继续处理像介绍、总结、标题后段首句，以及学习目标这样的内容。最后，写下你已经知道的与主题相关的知识，你对这篇文章或其中主题看法的偏见，以及你对这篇文章的学习目标。

- 另一个类似的方法是 4Ps 方法。4P 代表的分别是目的（Purpose），预览（Previewing），先前的知识（Prior knowledge），预测（Predict）。就像 KBG 方法

一样，注意一下你为什么要阅读这些文本，然后浏览一下该书的基本部分，比如主题和标题。接下来，想想你对这篇文章的主题已经知道了什么，最后，对作者将要谈论的主题做出一些有根据的预测。

- 最后一个预览方法叫作 THIEVES（小偷）方法。这里，你要检查主题、标题、引言、标题后面的段首句、视觉材料、章末问题，以及摘要/结论（如果有的话）。

第三章 >>>

快速阅读的精髓

你从小就开始阅读了，还需要了解什么？事实证明，你可能从来都没有学会如何快速有效地阅读。或许你所做的已经足够勉强应付了，但是学习更好地阅读和保留更多的信息本身就是一种技能。这不仅仅是你已经习惯的被动吸收信息。

很有可能，无论你学习和研究什么，你最终都需要了解快速阅读。你的学习速度会越快，效率会越高。我们如何达到那个水平呢？

通过阅读某一领域足够多的书籍，你通常可以成为该领域的专家。尽管阅读非常重要，我们大多数人在阅读方面的效率非常低。就像一个只能爬行的孩子一样，大多数人都有足够的阅读技能来四处移动，但他们离会跑还差得远。

成年人的平均阅读速度为 300 字/分钟。如果你想了解你的每分钟阅读字数，你可以通过各种线上的阅读理解测试来测试你目前的能力。根据史泰博（Staples）一项快速阅读测试，以下是人们平均每分钟的阅读速度：

- 三年级学生平均水平：150 字/分钟

- 八年级学生平均水平：250 字/分钟

- 成年人平均水平：300 字/分钟

- 大学生平均水平：450 字/分钟

- 企业高管平均水平：575 字/分钟

- 大学教授平均水平：675 字/分钟

显然，这对我们自主学习的探索不太有利。想想看，如果你每分钟能多看 100 个字，会有什么不同。如果你能以快25%~33%的速度看完一本书，那么你将有更多的时间花在重要的事情上——分析和思考信息，而不是简单地消化信息。抑或你能更快地结束你的阅读，有更多的时间花在你的其他追求和爱好上。

这章将教你如何更快地阅读，并记住更多内容，你会获得这两个方面的好处。需要注意的是，快速阅读意味着能在几分钟内读完一本书很大程度上是一个误区。世界上一些特别的学者和天才也许能够做到这一点，但对我们普通人来说，我们凡人的大脑不能像电脑一样处理事情。

本章中，我们将介绍四种主要的针对普通人的训练快速阅读并记住更多信息的技巧。你（最终，不是马上）将看到快速阅读本身不是一个误区，并且可以用它来寻求更好的学习。接下来你将了解的是：如何停止默读，如何训练你的眼睛看得更宽更广，如何有策略地浏览重要信息，以及如何更好地集中精力和注意力。我们从如何停止默读开始。

一、停止默读

1. 默读的含义

当你开始阅读时，你可能会大声朗读。你的小学老师希望你大声地读出文字。当你掌握了这项技能后，你才被告知只需要在脑海中说出文字并安静地阅读。正如我们之前提到的，我们大脑中控制语言理解的部分也控制说话，这表明阅读文字和说出文字之间存在着基本的生物学联系。这一事实进一步证明了，一个人的平均阅读速度往往与他们的说话速度相同。

当我们阅读的时候，我们通常会下意识地花时间去读页面上的文字，这将限制我们的阅读速度。我们不会大声说出来，但我们的大脑会无意识地说出来，这被称为"默读"。这是大多数阅读教育和技能水平的终点。

要达到一个新的水平，你需要停止在脑海里说这些字。默读需要时间——比理解这些词语需要的时间更多。默读的时候，几乎不可能超过400或500字/分钟。即使是这个速度，听起来也已经很夸张了，因为你在脑海里说得太快了。

我们大声说出一个字时，需要耗费一定的时间发音。然而，当我们阅读的时候，实际上，我们不需要发音，我们只要理解它们。要做到这一点，你需要训练自己在阅读时，不要在脑海中听到这些字。

如果一个人的阅读速度在1000字/分钟左右（完全可能而且是可训练的），他们不可能在处理这些文字的同时在脑海中听到这些文字。反而，他们只是简单地看到文字，并在脑海中提取这些文字的含义。在不大声说出文字的情况下处理文字的意思——这是停止默读的本质。这听起来并不简单，因为这是一个很难打破的习惯。

2. 靠转移注意力牵制默读

由于大多数人目前无法将默读和理解分开，他们卡在400~500字/分钟的速度上。要想超越这个速度，你就必须接受这样一个事实：你的思维和眼睛的阅读速度要比你嘴巴的阅读速度快。

从一段话中挑出任意一个字开始，在完全沉默的情况下看它一会儿。看着它，不要在心里重复这个字，想想它代表着和意味着什么。你甚至可以在心里描述它，而不是在脑海里大声地读出来。这仍然有点类似默读，但仅仅是观察文字而不去念它们，新习惯就会自然而然地形成。

这个部分的内容一开始可能会给人模糊或抽象的感觉，这是完全正常的。甚至可能让人觉得不可能，这也是很自然的，因为你正在从根本上改变你获取信息的方式。你所需要关注的只是看着文字，而不是渴望听到它们的声音。

接下来，在某处选一个句子，或者自己写一个句子。现在，当你读它的时候，不要默读，试着做一些事情，看看它们是否对你有效。

首先，在你的脑海中形象地描绘它。第二，一边阅读一边哼歌，这样你就没法（在脑海中）读了。第三，同样的道理，你可以一边嚼口香糖一边练习阅读，这样会使你很难下意识地默读。哼歌和嚼口香糖背后的逻辑是，这些工作会有效分心，就像当你阅读时播放背景音乐一样。

放背景音乐是一个特别有效的选择，因为它不仅有助于帮你停止默读，而且还能帮你提高阅读时的整体注意力。

然而，请记住，并不是所有类型的音乐都能达到这个目标。重金属或强节奏的音乐很可能会分散你的注意力，从而降低你的整体阅读速度。选择一些柔和的音乐，比如古典音乐，或者任何比抒情音乐更起作用的音乐。

试图停止默读时，你可能需要使用的第四个步骤是视觉节奏器。这可以是一支笔，甚至你的手指，任何可以帮助你在纸上追踪文字的东西。这能提高注意力，减少默读，还能帮助你进行断句。稍后再详细说明。

3. 靠自己的内心阻止默读

另一种使用相同原理的新方法是用另一种声音占据你脑海中默读的声音。下次读书的时候，试着同步心算。当你这样做的时候，眼睛先盯着句子的开头，然后是中间，最后是结尾（你在用其他的东西占据你内心的声音，但却不影响阅读这个过程发生）。尽可能多地练习，渐渐地，你就不需要通过默读来理解文字了。

以"蜜蜂来了"这句话为例，想象一下视觉效果，而不是默读这句话。这就是你阅读的起点。

默读可能很难消除，但很明显，你的思维速度比说话速度快，所以你可以看到这对更快地阅读有多重要。当你阅读一些包含大量术语和专有名词的非常复杂的东西时，你可能被迫求助于默读来保持足够快的阅读速度，因为可视化、播放音乐等技巧可能不起作用。此外，当你为乐趣而阅读时，你不会从尽可能快的阅读中获得任何东西，反而如果你读快了，你可能不会像以前那样喜欢这本书。

在这些情况下，默读是一件好事，因为阅读速度并不是最重要的。然而，总的来说，你可以尽量减少默读，因为最终的结果将是提高阅读速度，这将让你获得更多的知识。

提高阅读速度的下一步是训练和锻炼你的眼睛——让它们适应更快阅读的需要。毕竟，你的眼睛也是肌肉，所以你必须训练它们以适应更大的工作量。

二、训练你的眼睛

学习更快更有效阅读的下一个重要步骤是训练你的眼睛。你的眼睛是肌肉，所以它们需要锻炼，为更快地阅读做好准备。显然，提高阅读速度需要你的眼睛承受比你习惯的更大的负荷。如果你是为了消遣而阅读，你的眼睛可能几乎不动，但快速阅读是一项需要时间和努力的集中注意力的活动，而且有很大的益处。

在所谓的正常阅读中，你的眼睛在阅读时不会固定在一个地方。眼球追踪研究表明，你的眼睛实际上会相当快地颤抖和移动，这叫作扫视。每一次偏离文本位置的移动都需要几毫秒的时间来重新调整和聚焦。所有这些微小的调整在书中都需要重新进行视觉定位，而这对你的阅读速度而言成本也是相当高的。

所以你实际上并不是在训练自己多动眼睛，而是在训练少动它们，以一种更可控的方式，不浪费精力和努力。这比你想象的要容易，虽然一开始可能会让你觉得你回到了小学。

有两种方法可以做到这一点：第一种是使用你的手指或任何其他物品作为指针；第二是加强你的周边视野，学会关注大块的词组而不是单个的词语。

1. 使用手指或其他物品引导阅读

阅读时用手指引导自己通常被认为是孩子们的专利，一旦他们掌握了阅读的窍门，就会被遗忘。这很重要，因为它能让你坚持下去，确保你不会分心或浪费精力。

学习快速阅读时，这个技巧又派上了用场。用你的食指来标记你在页面上的位置。它应该跟随着你正在阅读的文字，慢慢地滚动每一行，然后到下一行。一开始它可能会让你感到不方便，甚至可能会在你适应了之后暂时减慢你的阅读速度。但如果你想提高你的阅读技能，使用指针是至关重要的。

通过移动手指的速度比你实际阅读的速度快，你的眼睛会习惯阅读文本的速度比你的大脑处理文本内容的速度快，这样可以打破你的默读习惯。通过充分的练习，很容易提高你的阅读速度。

使用指针时，你的主要目标是以非常均匀的速度移动指针。你不应该停止你的手指或放慢它的速度，而只是匀速地从文本的一边滑动到另一边。

现在就去尝试你面前的任何文字。你甚至可以就拿读这本书去尝试一下。你可能会觉得很傻，但你会发现用手指会集中你的眼球运动，甚至推动你以更快的速度阅读。

在你成为一个快速阅读者的过程中，最大的也是最简单的顿悟之一就是意识到你在阅读时眼睛在移动。对于普通人来说，他们的眼睛无法保持在一条单一的、流畅的线上移动，而需要反复折返。如果你开始注意你的眼睛，我可以保证你会开始注意到你的眼睛向回移动，然后向前移动，然后再折回来的频率。从长远来看，这会增加你的阅读体验，然而不好的体验可能会让你一开始就放弃阅读。

2. 扩大你视野的范围

除了使用指针和平息你过度的眼球运动外，锻炼眼睛的第二步是处理眼睛注视。眼睛注视指的是你的眼睛停留在页面某个地方。较少眼睛注视的读者读得更快，因为他们在注视过程中能读到更多的单词。

你的视觉跨度越宽，你在眼睛注视中处理的文字就越多，你阅读的速度也就越快。当然，你在任何一页上注视的次数也就越少。这里有一个例子，你可以测试一下。阅读这句话：西班牙的雨大部分存储于平原上。对于普通读者来说，由于句子的性质，他们需要用一只眼睛注视每一个字。但如果一个人的视野跨度更大，那么他只需要两到三次注视就可以了，因为他一次可以看到更多的文字。当你同时阅读这个句子中的多个文字时，处理速度比逐个处理文字要快。所以为了解决眼睛注视的问题，我们必须扩大我们眼睛一次能看到的范围。掌握一次看到很多字的能力对于快速阅读是必不可少的。

我们的目标是不再一次只看一个字，而是开始学习如何看词块。

通过这个过程，你试图加强你的周边视觉。黄斑视力是你的主要焦点。当你直视某物时，你会用黄斑视力看到。周边视觉是指你在黄斑视力以外的区域看得不太清楚的东西。因为视网膜上的感受器细胞集中在中心而不集中在边缘，所以在周边视觉中很难分辨颜色和形状（尽管你可以很快地捕捉到动作）。

但你可以看到的左边、右边、上面和下面区域与黄斑视力接壤。重点是，你的周边视觉需要提高，以更快地阅读和减少眼睛注视，所以需要锻炼你的眼睛来提高这种能力。

3. 锻炼眼部肌肉

你的每只眼睛上都有六块肌肉。这些肌肉控制你眼睛的所有动作，包括那些让你的眼球向上、向下和转圈的肌肉。眼部肌肉也可以帮助你的眼睛聚焦在近处和远处的物体上。就像你身体的其他肌肉一样，锻炼可以帮助你的眼部肌肉获得力量和灵活性。就像其他肌肉一样，有专门设计的运动可以帮助增强眼部肌肉的力量和灵活性。

这里有一个简单的眼保健操，旨在帮助建立眼部肌肉灵活性，以提高你的阅读速度。首先，坐着或站着，将视线对准正前方。接下来，假装自己是一架飞机，把双手平伸到身体两侧。每根手指都指向天空，保持这个姿势。

现在，保持头部正对前方，眼睛向右移动，直到你能看到你的拇指。如果你看不太清楚，就尽量向右边转动你的眼睛。然后看向左边，确保你的头部保持静止，正对前方。这是一次重复。尽量不要移动你的头部，只移动眼睛，这样你的眼睛就会转动到每一侧，并锻炼相关的肌肉。

继续从右到左，再从左到右，每组重复 10 次。每边 10 次为一组，累计重复进行三组。最后你的眼睛会感到很累，这将是一种奇怪而陌生的感觉。

这看起来可能不可靠，但这种拉伸和锻炼眼部肌肉的动作会扩大你的视野。以前你只能关注一个字，现在你可以从视觉上关注两个或三个字。随着你的周边眼部肌肉越来越强壮，你甚至可能进步到一眼就能看到一整行文字。关键是，即使你一次只看两个字，你的注意力也会翻倍。通过训练你的眼睛，你已经有效地提高了阅读速度。这个技巧，再加上使用食指或其他物体，将极大地帮助你更好地阅读。

提高阅读水平的下一步是有策略地略读信息，通过了解需要查找的内容和跳过可以忽略的内容，找出重要的部分。

三、组块

上一节中，我们讨论了如何扩大眼睛的视野，比一般读者看到更多的文字。但能够看到它们只完成了一半，你还需要以足够快的速度处理这些文字，以提高你的整体阅读速度。这个过程叫作组块。

学习一次多读文字最简单的方法就是练习。你可以在阅读这本书的时候马上做到这一点。试着一次读三个字，在你理解书中内容之前尽可能地继续读下去。这个过程比听起来容易得多，你可能会惊讶于你的阅读速度有多快。然而，这种阅读模式我们并不习惯，只有练习才能改变这一点。一旦你能一次轻松地阅读三个字，你就可以开始练习四个字，然后可能是五个。这样你上一节学到的技能就可以派上用场，因为你已经训练了你的眼睛，能够一次看到更多的文字。

罗恩·科尔的炼金术教育培训网站是一个能够帮助你的很好的资源平台。这个网站包含了几个自定义的 PDF 文件，分别由两个、三个、四个和五个单词块构成（科尔称之为"跳"），这样你就可以进行相应单词数量的练习。你也可以通过网站创建你自己的 PDF 文件。如果你想通过一篇文章或一组文本练习语义拆分，你可以方便地把它输入网站，选择你想要拆分语义的方式。如果你选择了三个单词块这种形式，那么每三个单词后面的空格会稍微大一点，这样你就能更容易一次记住特定的词块。

你可能会想，不逐字阅读是否会导致错过重要的概念或观点，而只是理解文章的主旨。这种担心是没有根据的，很可能是因为我们受小时候老师的影响而导致的，他们为了让我们更好地理解，坚持让我们阅读每一个字。

那时候逐字阅读是有目的的，但我们现在不需要做同样的事，单个文字不能表达概念或思想，这些只能用一串词组来表示。如果你能学会在保持理解的同时快速阅读这些词组，你就不会错过任何重要的东西。事实上，你可能会更快地吸收更多的信息，而不会因为阅读时间太长而半途而废。

四、富有策略地浏览

提高阅读速度的下一步是在停止默读和训练眼睛之后，理解如何有策略地略读阅读材料。对我们大多数人来说，略读带有负面含义。当我们赶时间的时候，只能采取看看每个段落的第一句话这种方式——或者其他任何你觉得行之有效的略读办法。我们在这里讨论的是一种完全不同的略读。

坦率地说，并不是所有的信息都是被平等创造的，甚至针对句子和段落也是如此。有些事情注定会浪费我们阅读的时间，所以我们应该确切地知道哪些是可以跳过的，哪些是应该关注的，以及如何管理所有这些文字。在我们的语境中，略读信息是为了节省时间，并且能够读懂阅读材料。

在这里，我们通过减少多余的部分，让你保留同样多的内容。传统的略读会跳过 75% 的内容，而在这里，我们只跳过 25%。我们如何做到这一点？我们可以使用三种相互关联的方法。

1. 从每行第三个字开始读并在倒数第三个字停止

默认情况下，我们总是从页面左边的第一个字开始读，一直读到右边的最后一个字。我们被教导要彻底，要想尽一切办法。但这里有一个技巧：你可以从左边的第三个字开始，然后到右边的倒数第三个字停止，你的周边视觉可能会自动记住前两个和最后两个字。

在 10 个字的一行中，你只需要读 6 个字，节约了 40% 的时间和精力。显然，累加起来非常可观。你不妨停下来去试一试刚提到的方法。感觉奇怪吗？你是否觉得自己忽略了重要的信息？只要试一试，你就会发现你并没有错过理解必要的内容，你的大脑会填补它，你能通过句子的上下文理解它。

2. 跳过无意义的单词

需要说明的是，跳过无意义的词和略读并不完全是一回事。略读时，你会错过一些你正在读到的词语或思想，你可能对作品只有一个大致的了解，细节可能会丢失。

学习如何读得更快，关键在于去掉满页中那些不必要的小词。不是每个词都是一样重要的，有很多晦涩的小词对你没有帮助，强迫自己阅读只会损耗你的精力。这些词当然有它们的位置，我们需要它们来构建句子和思想。但当我们试图快速阅读时，通常可以跳过这些词，并不会对阅读产生什么不良影响，比如：如果、是、到、这个、和等词。

跳过小词最大的好处在于它们没有任何有价值的信息，所以有效地跳过它们意味着你能在更短的时间里从阅读中获得更多的东西。如果你正在阅读一本小说或诗集，你想欣赏其中的散文和句子结构，这个建议可能不适合你。但话又说回来，你不会尝试快速阅读这些书。

让我们来看一个使用这些无用小词的例句。"狗狗进了屋，并且吃了它的晚饭，那是之前吃剩下的意大利面。"你能从这句话中去掉多少字？至少7个，这个句子有25个字，相当于去掉了接近三分之一的句子！

有一种很有用的方法可以帮助你跳过不必要的单词，叫作锯齿法。这类似于使用匀速线性方向的步速器，但有一个关键的区别，不是从左到右，而是呈之字形。试着读上面的那个句子"狗狗进了屋，并且吃了它的晚饭，那是之前吃剩下的意大利面。"用你的手指上下而不是从左到右点指，只读你手指停留的地方的单词。

你会注意到，即使你读的单词比句子包含的单词少很多，你最终还是读到了句子的主旨。当你阅读时，你会注意到填充词通常是连词或介词，句子的重要部分通常是名词和动词。当你阅读和练习时，请记住这一点，你会在阅读的时候更快地发现它们。

3. 扫描重要的单词

这与之前忽略无用的单词相关。当你能够确定一个句子中的重要词汇时，你所需要的就是理解。阅读任何一个句子时，你都可能会从50%的单词中获得90%的意思，其余的单词都是不必要的填充词。

例如："我昨天去看兽医了，因为我的猫病了。"这是一个由15个字组成的句子。

这句话里重要的单词是什么？"兽医""昨天""猫"和"生病"。这只是我们从句子中提取的四个词组，其他所有的字或词都不需要理解意思。你完全可以从这些词组中得到句子的意思。这比上一步更容易，也可以让你从所谓的无意义和无用的小词中节省更多的时间。

我们再举一个简单的例子。"我想去中国，因为我听说那里的食物很好吃，人也很好。"

你需要多少个词组才能理解这句话的意思？"想要""去""中国""食物""好吃""人""好"这是这句话中重要的 7 个词组。你可以看到这个方法是多么有价值。

像这样浏览段落需要练习，但它可以大大提高你的阅读速度。它的美妙之处在于，如果你浏览一段话，但没有完全理解它的意思，你可以回顾，放慢速度，然后把单词加回去，直到你理解了，然后再继续。

策略性地略读信息可能并不是你最初认为的那样。大多数人认为略读是快速浏览信息，忽略所有重要部分。但在这里，略读涉及学习如何解析信息，只阅读涉及意思和想法的必要信息。在学习更好、更快阅读的道路上，这是比较困难的，但非常值得。

五、快速阅读的多种技巧

上面，我们讨论了一些提高阅读速度的主要方法，也讨论了一些帮助你提高阅读速度的技巧。这一部分，我们将讨论一些更多的你可以采用的快速阅读的技巧。

一旦你尝试和练习了几次上面的技巧，你就可以在阅读的时候给自己计时了。要做到这一点，你可以把计时器设置为一分钟，然后选择一篇你可以练习快速阅读的文章。启动计时器，正常阅读，尽可能多地浏览文本。计时器一响，记下你看了多少。

1. 设定阅读标准

现在，使用你所掌握的每一种快速阅读策略，在一分钟内把同一篇文章再读一遍，看看你读了多少，很有可能你会比平时阅读了更多的内容。

这是一个很好的方法，通过设定标准来挑战自己，让你下次尝试这个技巧时能够战胜这个标准。记录下你在使用快速阅读技巧的情况下，能在一分钟内阅读多少个字。

下次你给自己计时的时候，试着超过你之前的阅读速度。督促自己加快阅读速度是确保你做到快速阅读的最好方法之一，并且以一种合理的方式来挑战自己，从而提高阅读速度。

2. 重点阅读首行与尾行

下一个建议来自艾比·马克斯·比尔，美国头号快速阅读专家。这一建议会大大缩短你的阅读时间。比尔认为，作家在传达任何信息时都倾向于遵循一种通用的方法。他们在每一段的开头都用一个句子来介绍这段话的目的，并让你对这段话将要讨论的内容有一个大致的了解。它们还在各段末尾通过简短的摘要重申了在第一行中表达的想法。因此，她建议你可以只阅读段落的第一行和最后一行，就能理解大体内容。

科学和学术期刊尤其如此，因为它们包含了很多外行根本看不懂的专业信息。下次当你阅读一些比较复杂的内容时，试试这种方法，并将它与逐字阅读一部分文本进行对比。请留意当你只读每段的第一行和最后一行时，你遗漏了多少信息。很有可能你不会错过太多信息。

3. 扩大词汇量

最后一个技巧并不是一种策略，而是一个可以提高你的整体阅读速度的通用建议，也就是增加词汇量。在某种程度上，如果你读得更多，这种情况自然会发生，但你可以通过阅读非虚构或更学术性的作品来加快这个过程，因为学术界的作家倾向于用更正式的语言写作。

扩大词汇量可以提高阅读速度，因为当阅读时遇到一个不认识的单词，你就会浪费时间试图弄清楚它的使用语境。这就会让你回想起很多十分基本的阅读倾向，比如重新阅读单词，结果导致你的阅读速度变慢了。然而，如果你已经知道这个词的意思，你可以跳过这个问题。

本章要点:

- 本章有两个重点。它强调快速阅读，并通过四个技巧来告诉你如何尽可能多地记住内容。

- 首先，我们需要消除默读。这是一种跟读单词时在脑海中默念单词的练习。默读会显著降低我们阅读的速度。然而，摆脱这种倾向需要时间，因为这种做法在我们大多数人心中已经根深蒂固。要练习非默读式的阅读，可以在阅读时听轻音乐来分散注意力。使用视觉步速器，比如，用手指来指读。咀嚼口香糖也能帮助你减少默读。

- 接下来，我们需要训练我们的眼睛去更好地阅读。我们大多数人都不知道阅读时眼睛前后移动了多少次。眼睛前后扫视减慢了我们的速度，因为我们总会重读我们已经读过的词。我们需要训练眼睛保持固定，还需要让眼睛一次接收更多的单词。我们倾向于单独关注每个字，但通过练习，我们可以同时阅读2到5个字。

- 第三个策略是高效而聪明地略读。通过从每行的两头跳过三个单词来做到这一点，每行首尾均如此，因为这些单词可以由我们的周边视觉捕捉到。我们还需要在阅读时跳过无意义的单词，因为它们不能提高我们对书中的主要思想和概念的理解。最后，我们需要扫描文本中重要的词组。这些词组通常是名词或动词，而连词和介词通常可以省略。

第四章 >>>

提高理解力和记忆力

快速阅读通常与理解力和记忆力的缺失联系在一起。你读得越快，能完全处理并保留下来的内容就越少，至少有人是这么说的。虽然这有一定的道理，但快速阅读对理解力和记忆力的影响被过分夸大了。此外，在逐渐提高阅读速度的同时，你还可以做一些事情来尽可能地理解和记住更多内容。

的确，阅读速度过快会不可避免地导致理解力的损失。然而，这是好事还是坏事最终取决于你阅读的内容。如果你读的是丹·布朗的小说，理解力的缺失无伤大雅。这同样适用于报纸文章和其他普通形式的阅读材料。然而，将阅读速度提高到危及理解的程度本身就是一个挑战，需要大量的时间和练习。

记住，成年人平均的阅读速度是 300 字/分钟。你可以提高到 500 字/分钟，而不会缺失任何理解力或记忆力。如果你刚好把阅读速度每分钟提高 200 字，本身就是一个巨大的进步。目前的速读冠军每分钟可以阅读 4700 个单词，理解率为 62%。所以，即使你的阅读速度略高于 500 字/分钟，你的理解力和记忆力也只会略有下降。

所有这些都表明，虽然对理解力和信息保留程度的担忧是合理的，但你可能离产生担忧这个程度还是有一定距离的，你根本没有必要担心它们。快速阅读不仅仅是无意识地尽可能快地阅读，这个观点是一个陷阱，它会让你误以为快速阅读会导致理解和记住得更少。相反，如果你从一开始就把理解力和记忆力放在首位，并采用上面讨论的快速阅读策略，同时记住这个初衷，那么在快速阅读的同时理解所有内容是很有可能的。

前面章节中，我们已经讨论了一些方法和技巧，它们旨在通过忽略无意义的词而专注于文本内容的关键。本章将介绍更多这样的技巧和策略，重点是理解和尽可能多地记住内容。首先，我们同样从初级的、基础的事情做起，以保持较高的记忆力水平。然后，我们将跳到具体的与视觉化、眼部保健、为观点而阅读等相关的策略。

一、提高理解力和记忆力的基本技巧

正如我们所承诺的，我们首先将复习一些有助于整体阅读速度、记忆力和理解力提升的基本要素。这一点既可以立即解决，也可以随着时间的推移，通过有意识的关注来解决，但你不需要针对这些问题使用特定的"策略"。其中一些"策略"也许不用多说，但知晓它们是件好事，这样你就能从阅读时间中挤出每一点生产力。

1. 整顿阅读环境

你能做的第一件事与你的环境有关。阅读所处环境做一些小的改变，会对你最终能记住多少内容产生巨大的影响。首先要做的是避免主要的干扰。正如我们之前讨论过的，一些轻柔的音乐可以帮助你停止默读，从而读得更快。但如果你阅读的空间经常充满巨大的噪声，你的理解和记忆水平就会下降。同样地，确保没有会分散你阅读注意力的电子设备。

接下来，你要保持你的房间整洁。办公桌要整洁，床不要太乱。确保你的房间光线充足，温度不会太热或太冷。如果能开着一扇大窗户让自然光透进来，那比开室内灯光要好。此外，如果你可以在你的阅读空间里放一些植物，它们会产生一种平静的影响，通过提高注意力最终提高你的理解力和记忆力。最后，避免躺在床上看书，因为这会让你感觉昏昏欲睡，继而影响你的整体睡眠质量。

2. 广泛的阅读

既然我们已经把环境因素排除了，我们将讨论第二件事，也可以说是更重要的一件事，你可以用来提高你的阅读理解能力和记忆力，最主要的是变得更加博学。这里面也包含了另外许多你可以收获的小益处，你也可以单纯地关注这些益处。

这里的技巧包括提高你的词汇量，提高你的语言流利度，以及对各种类型的短语的识别力，比如我们上面列出的短语。

最重要的是，广泛的阅读还能帮助你获得不同学科和不同主题的知识，这将影响你思考和预览阅读文本的方式。当你读过其他经济学书籍后，再去读《魔鬼经济学》等书中的论点和主题，最终的学习成果会比你在根本不了解经济学的情况下更加丰富、更加富有成效。此外，你对某些主题预存的熟悉感可以让你把新学到的知识和你已经知道的东西联系起来，这是理解和记忆得更多的最佳方法之一。

除此之外，广泛的阅读还能让你更快地处理单词和句子。它不仅能让你进行必要的练习，还能让你熟悉一些你在其他情况下可能不知道的单词和短语。这样就可以避免重复查阅字典，而只是简单地浏览文本。

现在，你可能想知道如何才能成为博学的人，而事实是没有一种方法可以做到这一点。最好的方法就是尽可能多地阅读关于各种主题和学科的书籍和文章。为了使这个过程更容易，你可以列出你想要涵盖的所有主题的清单，并列一些与这些主题相关的书籍。选择一些篇幅较短的书，这样你就可以在合理的时间内完成这些任务，并在完成目标的同时不断地在清单上打钩。渐渐地，你会察觉到博览群书的所有好处，以及它是如何影响你接下来要读的书的。

二、视觉化

现在我们已经了解为了提高你的理解力和记忆力你能做的基础的事情。是时候讨论一些具体的策略了，你可以通过实施这些策略来更快地实现同样的目标。我们要讨论的第一个策略是你在快速阅读时可以提升储备的最强大的技巧之一，这就是视觉化。

视觉化对于快速阅读是一个非常强大的工具，因为人类在很大程度上是视觉动物。纵观历史，我们依靠视觉生存。

即使在今天，视觉信息形式仍占我们日常感官输入内容的70%以上。然而，语言并不是人类与生俱来的技能。

经过几个世纪的进化，视觉信息已经被习得并根深蒂固。因此，当我们阅读文字的时候，为了最大程度地理解，我们需要能够将文字转化为图像。

这种活动被称为动态理解，当你阅读时，你会在头脑中形成一系列的图像，以理解所读的内容，而不是在头脑中默读或重复文字。正如我们讨论过的，要停止默读是很困难的，但如果你能做到用视觉化代替，你会成为一个理解能力强、记忆力好的娴熟读者。

开始测试和练习这一技能的一个好方法是从阅读虚构的书籍开始。想象一个故事要容易得多，因为如果作者的描述技巧很好，你可以进入每个角色之中。从复杂的文本中立即开始想象材料内容是很难的，而阅读小说将帮助你逐渐建立你的技能，这样你最终可以学会通过想象来快速阅读困难的材料。一旦你习惯了那些容易被视觉化的故事，你就可以转向更专业的文本。

当你使用虚构的文本来练习视觉化时，有一些技巧你要烂熟于心。首先，要每天规律地练习想象，即使是很短的一段时间。第二，你的视觉化尽可能详细。幻想小说在这方面特别有用，因为它可以构建世界。所以，乔治·R·R·马丁的《权力的游戏》或许值得一试。一定要注意休息，因为你刚开始高强度的想象时会觉得很累。

除此之外，还有一些能做的视觉化练习可以有助于你的阅读。这些练习都是相当基础的，不会花太多时间，但却是练习这项技能的好方法。首先，你可以利用你手机上拍下的任何照片，仔细观察，然后，闭上眼睛，尽可能详细地回忆起每一个细节。一旦你觉得你已经复述了你记得的所有内容，再看一遍图片，看看你的表现如何。

几分钟后换一张图片再试一次。你也可以对物体、环境和人物三者重复同样的练习，唯一的区别是你必须在脑海中轮换它们，这样你就能回忆起每一个微小的细节。坚持练习，直到你感觉到自己越来越适应视觉化。最终，这个活动会变得不那么耗费精力，你也会察觉到它对你阅读速度的影响。

三、眼部保健

视觉化练习之后，另一个提高你理解力和记忆力的宝贵工具是你的眼部锻炼。这主要包括扩大你的视野范围，这样你一次就能看到更多的单词。通常情况下，你的眼睛会移动并停留在每个单词上，然后再看下一个单词。这是一个效率极低的过程，它占用了太多的时间，而这些时间是可以减少的。一旦你扩大了你的视野，你就能一次阅读更多的单词，这意味着你的眼睛不需要把时间浪费在盯着每个单词上。相反，你可以同时处理其中的大块内容，从而提高整体阅读速度。

这里的主角是你的外围视野。你的周边视觉决定了你能在主要焦点区域之外看到的所有东西。所以，如果你直视前方，你可能仍然可以在你的视野范围的边缘看到一些东西，尽管不是很清楚。不管怎样，这些物体被你的眼睛记录下来，并在你的大脑中被处理，事实上，你正看着它们。虽然在现实生活中，这只在危险的情况下有用，但在阅读时，周边视觉可以成为一个非常方便的工具，因为你不需要正确地阅读单词，你的大脑就能记住和理解它们。

问题是，因为周边视觉在我们的日常生活中很少使用，所以很有可能你的视觉跨度不是很长。因此，它需要训练和延长，以使它在阅读时有用。只有一个关键的方法来训练你的眼睛看到更多边缘的内容，那就是锻炼它们。有几种不同的练习你可以循环使用，这样就不会单调乏味。如果经常坚持，你很快就会体会到效果。

深入了解主要的技巧之前，你也可以做一些小事情来提高你的整体视力。这将有助于发展你的周边视觉，并提高你的阅读速度。

● 健康饮食。要想全面提高视力，最重要的一件事就是健康饮食。对眼睛有好处的食物有很多，比如胡萝卜、鸡蛋、瘦肉、鲑鱼、红薯等。在你的饮食中加入这些食物。

● 避免吸烟。只要改掉这个习惯，你就能避免很多疾病，眼部感染就是其中之一。吸烟还会使你患老年性黄斑变性和白内障的可能性增加四倍，这是世界各地失明的主要原因。

● 尽量避免眯着眼睛。因为这样会缩小你的视野。使用屏幕的时候，尤其当你长时间看屏幕的时候，每隔一定时间放松一下眼睛。

● 经常眨眼。因为这样可以放松你眼睛周围的肌肉，也可以阻止你眯眼睛。

● 避免使用太阳镜。它们会阻止特定波长的光线进入眼睛，从而影响眼睛的整体健康。它们还可能导致辐射积聚在你的眼睛里，从长远来看对你是灾难性的。

采取完这些小措施，我们现在可以开始讨论练习了。之前已经介绍过一些练习方法，这里将列出更多。

1. 20-20-20 练习

第一个练习叫作 20-20-20。这里，你需要做的是在看离你很近的东西，比如屏幕，和看离你至少 20 英尺或更远的东西之间切换。这样可以避免眼睛疲劳，有效地锻炼眼睛。它被称为 20-20-20 练习，因为你必须每 20 分钟做一次，持续 20 秒，看 20 英尺或更远的地方。

2. 眼部书写

另一种方便的练习叫作眼部书写。看着你周围一堵空白的墙，移动你的眼球，就像你在写字母时移动钢笔或铅笔一样。你可以简单地从 A 到 Z 遍历字母，或者使用特定的词组使内容更有趣。做这个练习的时候，确保你的头完全不动，这样你的眼睛就能完成所有的书写动作。通过练习，这将加强你的眼部肌肉，提高他们的灵活性和活动范围。

3. 凝视时钟

第三种对眼睛很好的锻炼是凝视时钟。为此，你需要挺直脊柱坐在某个地方，想象你面前有一个巨大的模拟时钟。现在，从十二点钟方向看到六点钟方向。接下来，把你的眼睛从中心移到一点钟的位置，然后移到七点钟的位置。之后，从二点钟到八点钟，以此类推，直到再次回到十二点钟和六点钟的方向。

完成所有这些练习之后，揉搓你的手掌几秒钟来产生热量；然后用手掌外侧轻轻按摩眼睛周围的骨区，持续 30 秒；最后，用手掌盖住眼睛，凝视一片漆黑，几分钟后再继续其他活动。

四、为观点而阅读

要想在快速阅读的同时最大限度地记住和理解，最好的方法就是向那些掌握了阅读技巧的人学习。网上有一些假冒的快速阅读专家不断地兜售他们的产品，但也有一些真正的有价值的东西可以帮助你了解很多关于快速阅读的过程和活动。在这些书中，我们将讨论一本对你的快速阅读之旅最有用的书。这本书叫作《用右脑快速阅读：学会阅读思想而不是文字》，作者是大卫·巴特勒。

我们选择这本书是因为它抓住了本章中试图阐述的中心主题。这个主题就是，除非你理解了你所阅读的信息，否则快速阅读是没意义的。这就是为什么我们在提高阅读速度的同时，还要注重保持理解和记忆，巴特勒在他的书中也试图阐述了这一点。

巴特勒的作品也抓住了我们一直在关注的对视觉化的强调，以及单个单词不能传递太多的观点。只有当它们组合在一起时，你才能看到想法和概念的形成。这表明你不需要像小时候被教的那样逐字阅读，你可以很容易地同时接收多个单词，并且还能像以前那样高效地理解内容。

这正是巴特勒如此关注右脑的原因——右脑是大脑中负责视觉化的部分。他认为，快速阅读的关键，或者用他的话说，"快速理解"依赖的不是你大脑的左半球（它通常负责语言理解和讲话），而是你大脑的右半球（处理视觉）。

这本书有自己的方法和框架，鼓励读者在学习和阅读中采用具体化的方式。毫无疑问，同时阅读本书和巴特勒这本书将为你积累下丰富的经验。你也可以阅读巴特勒的书时，使用从本书所学到的许多技巧，并比较一下哪些方法和策略最适合你。

五、提高记忆力的技巧

本章到目前为止，我们一直在同时关注理解力和记忆力。然而，本节中，我们将专门关注后者，因为它们毕竟是两个相关但又独立的东西。通过提高记忆力，你可以确保你阅读的材料在头脑中保留的时间更长，这就是阅读的最终目标：获取知识，并尽可能长时间地保留知识。为此，我们将讨论几个技巧和策略，你可以遵循这些技巧和策略来确保你尽可能多地记住你所读的所有内容。

1. 做笔记

我们要讨论的第一个策略实际上不是一个建议，而是一组建议，它们主要是围绕阅读文本时如何表达自己的想法来展开的。一定要在阅读时做笔记，写下你对这个主题的任何想法。你可以使用页边空白处，一本单独的笔记本，或单独的页面，任你挑选。

在你认为重要的段落下划线，必要时抄写。这个过程确保你真正地融入你正在阅读的材料中，而不是被动地消耗它，使你今后更有可能记住它。

德国思想家卡尔·马克思非常重视这种方法。阅读复杂的文本时，他会在每读到一页其他哲学家的文章时，附上一页笔记。虽然你不必做得那么好，但这个传闻说明为了更好地记住和理解知识，在求知层面上阅读文本的重要性和价值。

2. 总结

我们要讨论的下一个策略与第一个策略密切相关，就是对每一章的总结，甚至是对全文读过的每一个小节的总结。用尽可能简单的方式概括文本表达的主要思想。或者，你也可以简单地用要点的形式记下这一小节或章节的主要收获。

这是阅读文本的另一种方式，通过将大量文本提炼成更简短、更易消化的内容，为记忆提供扎实的线索。

3. 传授知识

我们的第三个策略是让你的朋友、父母或任何愿意听你说话的人参与进来，你把你刚刚学到的东西教给他们。这是最容易记住材料的方法之一，因为它测试了你对概念的理解程度，以及你是否能够以别人理解的方式讲解所读的材料。这使得这种技术与我们讨论过的其他两种技术截然不同，因为在那些技术中，我们通常可以不完全理解某些东西。但在这里，我们不能。如果你成功地向另一个人很好地讲解了某件事，这是一个很好的迹象，表明你自己已经掌握了内容。如果没有，你可能需要再复习一遍。

4. 使用思维导图

我们的第四个策略是使用思维导图。这个工具非常简单，但功能强大，能以视觉化的方式聚合你所学的所有内容。它还可以用于解决问题和寻找相关的概念链或概念串中缺失的一环。

制作思维导图，先从中心的概念开始。中心概念可以是书名、某个概念、一个主题，说到底，就是任何能形成你所学内容的核心观点。

然后，画出从这个主题向各个方向延伸的分支。在这些分支的末尾，记下一个与中心主题相关的元素。所以，如果你把经济学放在中心位置，其中一个分支可能包含"供需法则"。另一个可能有"韦伯伦商品"（又称炫耀财，在经济学上用以描述一种商品。其特色是商品需求与商品价格成正向关系，而非正常需求法则的反向关系。这种商品能满足人类的虚荣心，是财富与地位的炫耀，故称为炫耀性消费）等等。

5. 麦克道尔网格

第五种提高记忆力的方法被称为"麦克道尔网格"。简单地说，这个网格是用来捕捉你对文本中某些想法或概念的反应。其理念是，你的个人反应首先预测了你保留某个概念的可能性的程度，网格可以用来检查你对各种主题的反应。

制作这个网格很简单。你可以选择使用纸笔或电子文本处理工具。你所需要的是一个包含两列和尽可能多行的表。左侧，记下你在文章中遇到的所有想法或概念。右侧，注意你对这个概念的反应。它让你着迷了吗？无聊吗？好笑吗？把这些都写下来。这个网格不仅是一个重要的摘要，而且它还可以让你看到你感兴趣的东西，并在未来阅读更多这方面的内容。

6. 知识树

我们的第六个策略也是最后一个想法类似于思维导图，但不是把你在同一篇文章中找到的概念联系起来，而是用它来把不同文本中的想法结合起来，我们称之为知识树。将文本想象成一棵树，基本概念组成树干，而其他较小的概念位于分支中。这样做的目的是将不同文本中的分支链接在一起，以促进你的学习并且提高记忆力。因为把新知识和已经知道的东西联系起来，你的大脑更有可能记住这些信息。

 本章要点：

- 快速阅读不仅仅是尽可能快地阅读。你还需要专注于理解和记忆，否则大量阅读不会有太大帮助。

- 人类在很大程度上是视觉生物，这使得视觉化成为可以用来理解和记住更多内容的最强大的工具之一。通过阅读虚构的故事来练习你的想象技能。

- 虚构的故事可以使你更容易想象。你也可以通过使用照片、物体或人进行视觉化训练。花几秒钟近距离观察照片，然后，闭上眼睛，尽可能多地回忆细节。随着你的视觉化能力的提高，快速阅读时你会理解得更好，记住得也更多。

- 理解和记住更多单词的另一个必要条件是训练你的眼睛看更多的单词。你可以通过各种练习来训练你的周边视觉。你也可以选择理智的生活方式，比如改善饮食、戒烟、避免眯眼等，让你的眼睛长时间保持健康。

- 另一本与本书中的许多观点相呼应的好书是大卫·巴特勒的《用右脑快速阅读：学会阅读思想而不是文字》。巴特勒强调右脑负责视觉，而语言理解和讲话通常由左脑控制。如果我们想要更快地阅读，同时还能记住和理解，那我们需要逐步过渡并多使用大脑右半球。

- 为了更多地记住所读的内容，你要做大量的笔记，并尽可能多地融入文章中来。总结每一章，写下你的想法或关键要点。

第一章　快速阅读的真相

● 我们常用的阅读方式会花费很长的时间。当下，我们通常没有时间坐在那里看完几百页的书。要解决这个问题，我们必须学会更快地阅读，这样我们才能适应目前的生活方式，这就是快速阅读的意义所在。

● 快速阅读主要涉及大脑的两个区域：布洛卡区和威尔尼克区。前者主要影响语言的产生，后者则影响语言的理解。后面我们将会看到，这些区域对减少默读非常重要，快速阅读需要跳过布洛卡区功能，而只依赖威尔尼克区功能。

● 关于快速阅读的几个误区在互联网上比比皆是。其中最大的误区就是快速阅读是一个神话，并不能帮助你读得更快。另一个常见的误区是适度提高阅读速度可能会导致理解下降。第三个误区是默读对准确理解词义至关重要，而快速阅读毫无疑问会削弱理解。虽然在某些情况下这个观点或许是成立的，但肯定不是所有情况下都是对的。

● 当你将本书中的技巧付诸实践时，你就可以体会到快速阅读的诸多好处。主要包括：逻辑能力的提升，因为你能更好地阅读文本；记忆力和注意力的提高，因为只有当完全专注于文本时，你才能读得更快；自信心提升，因为你能做到在短期内获取知识。

第二章　预读是关键

● 预览一篇文章本质上是指在阅读之前收集你需要了解的所有相关信息。可以包括基本的细节，如文本的标题、摘要、索引等，或者你可以使用更全面的预览方法来更加详尽地熟悉文本。

● 一种更为复杂的预览方法是 KBG 法。这里，首先要注意所有的基本细节，如主题、标题等。然后，继续处理像介绍、总结、标题后段首句，以及学习目标这样的内容。最后，写下你已经知道的与主题相关的知识，你对这篇文章或其中主题看法的偏见，以及你对这篇文章的学习目标。

● 另一个类似的方法是 4Ps 方法。4P 代表的分别是目的（Purpose），预览（Previewing），先前的知识（Prior knowledge），预测（Predict）。就像 KBG 方法一样，注意一下你为什么要阅读这些文本，然后浏览一下该书的基本部分，比如主题和标题。接下来，想想你对这篇文章的主题已经知道了什么，最后，对作者将要谈论的主题做出一些有根据的预测。

- 最后一个预览方法叫作 THIEVES（小偷）方法。这里，你要检查主题、标题、引言、标题后面的段首句、视觉材料、章末问题，以及摘要/结论（如果有的话）。

第三章　快速阅读的精髓

- 本章有两个重点。它强调快速阅读，并通过四个技巧来告诉你如何尽可能多地记住内容。

- 首先，我们需要消除默读。这是一种跟读单词时在脑海中默念单词的练习。默读会显著降低我们阅读的速度。然而，摆脱这种倾向需要时间，因为这种做法在我们大多数人心中已经根深蒂固。要练习非默读式的阅读，可以在阅读时听轻音乐来分散注意力。使用视觉步速器，比如，用手指来指读。咀嚼口香糖也能帮助你减少默读。

- 接下来，我们需要训练我们的眼睛去更好地阅读。我们大多数人都不知道阅读时眼睛前后移动了多少次。眼睛前后扫视减慢了我们的速度，因为我们总会重读我们已经读过的词。我们需要训练眼睛保持固定，还需要让眼睛一次接收更多的单词。我们倾向于单独关注每个字，但通过练习，我们可以同时阅读 2 到 5 个字。

- 第三个策略是高效而聪明地略读。通过从每行的两头跳过三个单词来做到这一点，每行首尾均如此，因为这些单词可以由我们的周边视觉捕捉到。我们还需要在阅读时跳过无意义的单词，因为它们不能提高我们对书中的主要思想和概念的理解。最后，我们需要扫描文本中重要的词组。这些词组通常是名词或动词，而连词和介词通常可以省略。

第四章　　提高理解力和记忆力

- 快速阅读不仅仅是尽可能快地阅读。你还需要专注于理解和记忆，否则大量阅读不会有太大帮助。

- 人类在很大程度上是视觉生物，这使得视觉化成为可以用来理解和记住更多内容的最强大的工具之一。通过阅读虚构的故事来练习你的想象技能。

- 虚构的故事可以使你更容易想象。你也可以通过使用照片、物体或人进行视觉化训练。花几秒钟近距离观察照片，然后，闭上眼睛，尽可能多地回忆细节。随着你的视觉化能力的提高，快速阅读时你会理解得更好，记住得也更多。

- 理解和记住更多单词的另一个必要条件是训练你的眼睛看更多的单词。你可以通过各种练习来训练你的周边视觉。你也可以选择理智的生活方式，比如改善饮食、戒烟、避免眯眼等，让你的眼睛长时间保持健康。

- 另一本与本书中的许多观点相呼应的好书是大卫·巴特勒的《用右脑快速阅读：学会阅读思想而不是文字》。巴特勒强调右脑负责视觉，而语言理解和讲话通常由左脑控制。如果我们想要更快地阅读，同时还能记住和理解，那我们需要逐步过渡并多使用大脑右半球。

- 为了更多地记住所读的内容，你要做大量的笔记，并尽可能多地融入文章中来。总结每一章，写下你的想法或关键要点。